Table des matières

1. Exercices d'échauffement

Faute de magie

Le magicien fait de son mieux pour changer le prince en crapaud, en prononçant la formule magique. Mais il ne se passe rien. Pourquoi sa magie ne fonctionne-t-elle pas ?

Solution à la page 77.

Duel en ville

Max Simien et Roger Ophidien vont se battre en duel sur la rue principale de Latombe. Selon vous, qui remportera le duel?

Solution à la page 77.

Un message secret

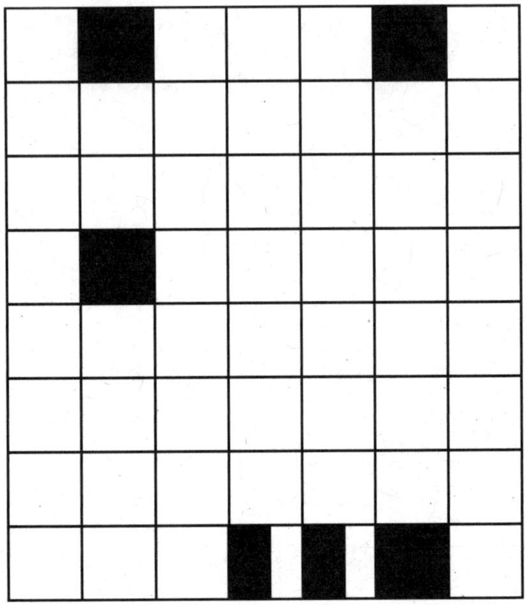

Il y a une formule de salutation cachée dans cette image, pouvez-vous la lire ?

Solution à la page 77.

D'une bête à l'autre

Avec les lettres de chacun des noms d'animaux, on peut former le nom d'un autre animal. Par exemple, avec les lettres du mot *renard*, on peut former le mot *âne*. Trouvez les noms des autres animaux.

Solutions à la page 77.

renard

éléphant

hérisson

faucon

cheval

coccinelle

loup

girafe

tapir

Dessins naïfs

À première vue, ces dessins ne ressemblent à rien d'autre qu'à des dessins naïfs. Mais en les observant bien, vous finirez par les voir sous un autre angle et les images deviendront claires. Le poème écrit sous chaque dessin décrit la scène. Trouvez les mots manquants.

1. Un ______ passe
   silencieux
   à travers un nuage,
   dans le ciel bleu.

2. Un ______
   nommé Hugo
   aime se prélasser
   sur le dos.

3. À la plage,
   Mlle Rondondon
   adore faire
   un beau coeur.

4. Un ______
   s'est élancé,
   a raté son virage
   et a chuté.

Solutions à la page 77.

2. Mots et lettres

Jeux de mots farfelus

Dans ces deux pages, chaque lettre, mot ou groupe de mots illustre une expression familière. Par exemple, la première illustration signifie « des ronds dans l'eau ». À vous de trouver les autres expressions suggérées.

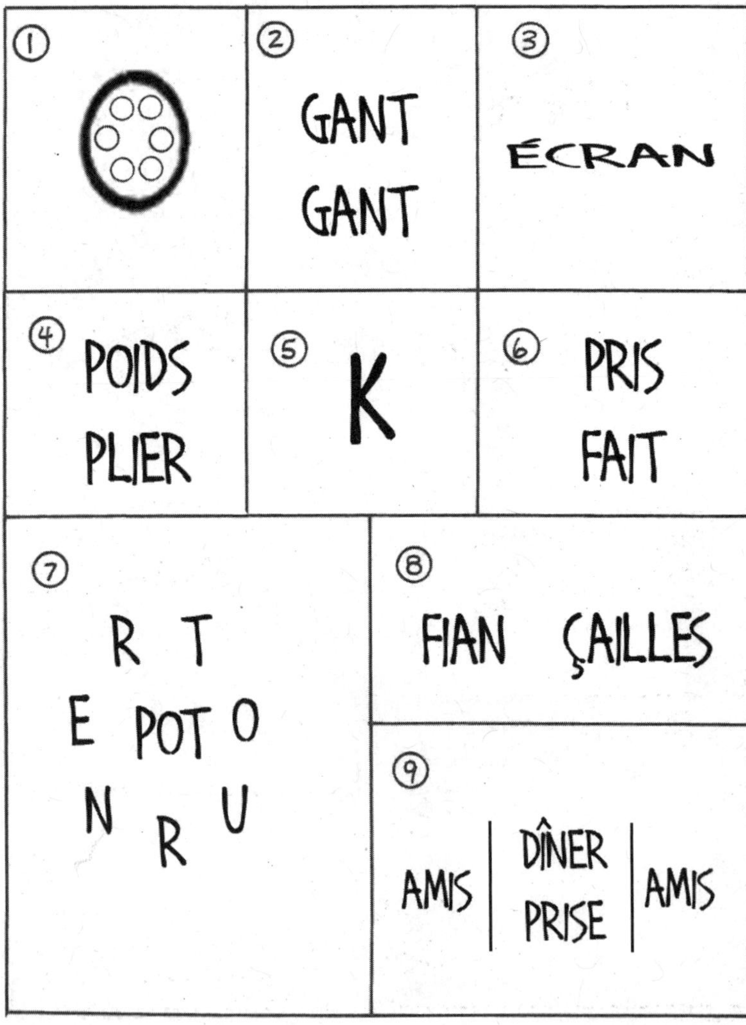

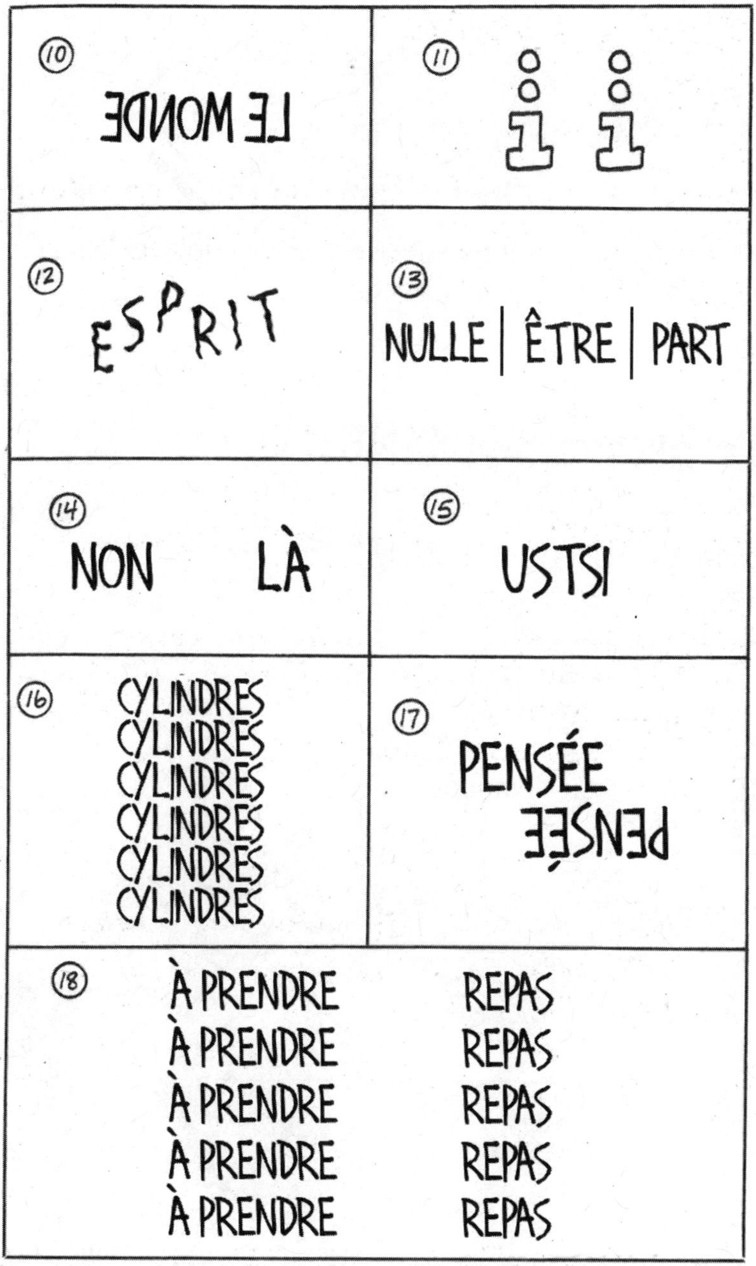

Solutions aux pages 77 et 78.

Lettres changeantes

Recopiez les carrés illustrés ci-dessus et placez-les de sorte à trouver le nom d'une nage.

Solution à la page 78.

La plaque mystérieuse

Quand M. Ollie Lee s'est acheté une nouvelle auto, il a demandé une plaque d'immatriculation portant le numéro 337 31770. Voici le dessin de son auto. Pourquoi a-t-il demandé ces chiffres ?

Solution à la page 78.

Parce que ils se ressemble :
E=3 1=1
7=7 0=0

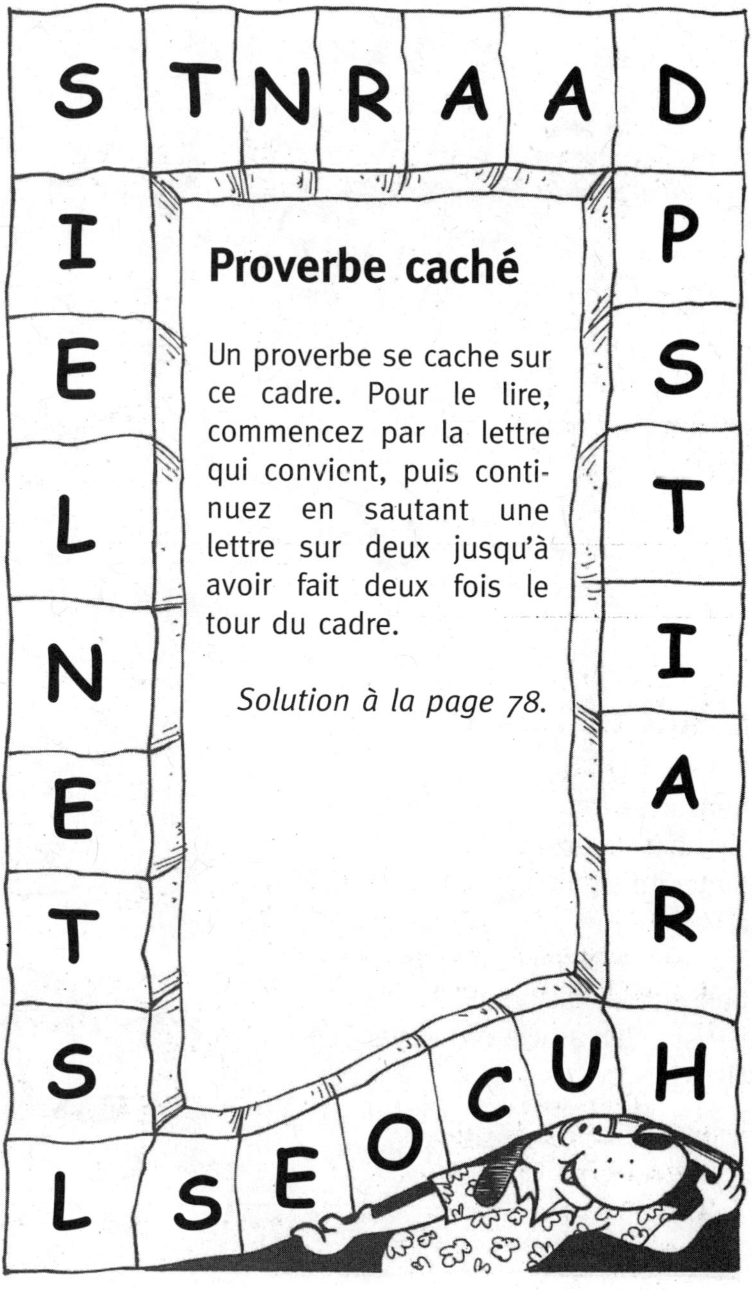

Proverbe caché

Un proverbe se cache sur ce cadre. Pour le lire, commencez par la lettre qui convient, puis continuez en sautant une lettre sur deux jusqu'à avoir fait deux fois le tour du cadre.

Solution à la page 78.

L'épicier aux rébus

Cet épicier aime se servir de pancartes qui font réfléchir ses clients. Par exemple, la première pancarte signifie qu'il a des œufs à vendre.

Trouvez la signification des autres pancartes, chacune d'elles cachant le nom d'un article vendu par l'épicier.

Solutions à la page 78.

Noms mystérieux

Ce garçon et cette fille ont écrit des chiffres sur le tableau. Devinez leurs noms.
Solutions à la page 78.

3. Ayez l'œil

Un zoo en lettres

Les noms de treize animaux s'écrivent avec les lettres illustrées ci-dessus. Commencez par n'importe quelle lettre, puis suivez une ligne noire dans n'importe quelle direction jusqu'à la lettre suivante. De quels animaux s'agit-il ?

Solutions à la page 78.

Quelle est l'anomalie sur ces dessins?

3. Drôle de cow-boy

Sur chacun de ces dessins, l'artiste a commis une grave erreur. Laquelle ?

4. Distraction au soleil

Solutions à la page 79.

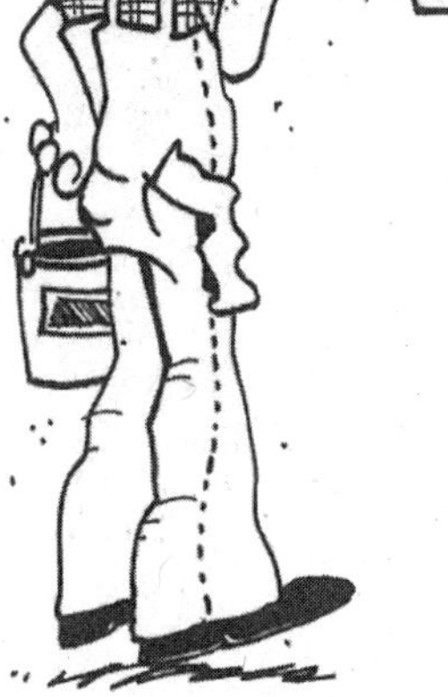

Le peintre distrait

Le peintre a commis une erreur de distraction sur son enseigne. Corrigez-la en changeant une seule lettre.

Solution à la page 79.

Quelle lettre ?

Les trois formes noires mystérieuses représentent une lettre de l'alphabet. Laquelle ?

Solution à la page 79.

La courtepointe d'Anne

Quand Anne a confectionné cette courtepointe, elle y a cousu son prénom et celui de toutes ses amies. Les pointillés indiquent comment épeler A-N-N-E en allant d'une lettre à la lettre voisine. Découvrez au moins 10 prénoms féminins. Vous pouvez vous déplacer horizontalement, verticalement ou en diagonale.

Solutions à la page 79.

Le voleur invisible

La carte ci-dessous illustre les coins de rue où se tiennent quatre policiers. Un voleur se cache à l'une des intersections numérotées, d'où il ne peut être vu par aucun des policiers. À quelle intersection le voleur se tient-il?

Solution à la page 79.

L'auto de Charles

Charles s'est rendu seul en ville. Après avoir garé son auto, il a remonté toutes les vitres, est sorti et a fermé les portières à clé, puis il a mis de l'argent dans le parcomètre. Laquelle de ces cinq autos est celle de Charles ?

Solution à la page 79.

Napoléon chez lui

Regardez attentivement ce dessin de Napoléon Bonaparte chez lui par un après-midi tranquille.

Trouvez 10 objets qui n'existaient pas à l'époque de Napoléon.

Solutions à la page 79.

Erreur tranchante

En dessinant ces ciseaux, l'artiste a commis une erreur. Laquelle ?

Solution à la page 80.

4. Quelques devinettes

Problème de volets

Mme Larivière a ouvert ses volets pour aérer sa maison. L'artiste a commis une erreur bizarre. Laquelle?

Solution à la page 80.

Deux clients

Un malentendant est entré dans une papeterie pour acheter un taille-crayons mural. Pour faire comprendre au commis ce qu'il voulait, il a enfoncé un doigt dans son oreille gauche et a mimé le mouvement d'aiguisage avec son poing autour de son autre oreille. Le commis l'a tout de suite compris.

Un malvoyant est ensuite entré dans le magasin. Comment a-t-il fait comprendre au commis qu'il voulait acheter des ciseaux?

Solution à la page 80.

Duel au pistolet

Il y a 100 ans, 2 Français, Alphonse et Gaston, se sont battus en duel au pistolet. Chacun d'eux a tiré une balle dans la tête de son adversaire, et pourtant ni Alphonse ni Gaston ne sont morts. Pourquoi ?

Solution à la page 80.

Damien et ses patins à roulettes

Damien habite avec ses parents et sa grande sœur dans une maison de plain-pied, au bout de la rue Principale. Un après-midi, on sonne à la porte. Damien ouvre. C'est son copain Vincent, qui habite en face.

– On va faire du patin ? demande Vincent.

– D'accord, répond Damien. Attends-moi, je vais chercher mes patins.

Damien a monté l'escalier en courant. Il a pris ses patins sous son lit, dans sa chambre au deuxième étage. Il est ensuite sorti et a mis ses patins dehors. Les deux copains ont passé le reste de l'après-midi à faire du patin.

Qu'est-ce qui cloche dans cette histoire ?

Solution à la page 80.

Qui lit le plus vite ?

S'il faut à William 80 minutes pour lire une courte histoire et s'il faut à sa sœur 1 heure et 10 minutes pour lire la même histoire, qui lit le plus vite ?
Solution à la page 80.

Pages déchirées

Si vous déchiriez les pages 8, 9, 48, 53 et 54 de ce livre, combien de feuilles séparées auriez-vous enlevées ?
Solution à la page 80.

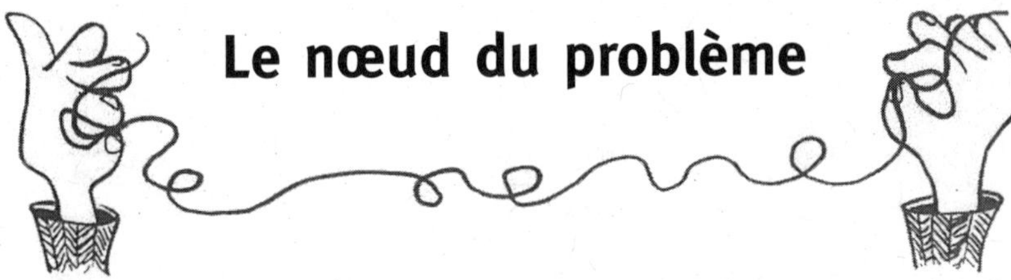

Le nœud du problème

Trouvez un moyen de tenir un bout de corde ou de ficelle, une extrémité dans chaque main, et de faire un nœud dans la ficelle sans lâcher l'autre extrémité.
Solution à la page 80.

Le mot mystérieux

I	B	S	E	C	B
E	A	D	E	I	C

Inscrivez dans les carrés blancs les lettres qu'il faut de sorte que chaque colonne verticale soit un mot de trois lettres et que la ligne horizontale donne le nom d'un animal à la fois terrestre et aquatique. Indice : Les dessins encadrés vous aideront à trouver les mots.

Solution à la page 81.

Gendarme et voleur

Pour jouer à ce jeu, il vous faut deux pièces de monnaie de grosseurs différentes. La plus grosse représente le voleur. Déposez-la sur le dessin du voleur.

La plus petite pièce est le gendarme. Déposez-la sur le dessin du gendarme. Celui-ci sort du commissariat en courant pour attraper le voleur.

Un joueur déplace la petite pièce et l'autre, la grande pièce.

Voici les règles du jeu :

1. Le gendarme se déplace toujours le premier. Après lui, les joueurs se déplacent à tour de rôle.
2. Chaque déplacement n'est que de un pâté de maisons, dans n'importe quelle direction.
3. Le gendarme essaie d'attraper le voleur. Pour ce faire, il déplace la petite pièce de sorte qu'elle se pose par-dessus la grande.
4. Le voleur essaie de ne pas se faire attraper. S'il n'est pas capturé au cours des 50 déplacements du gendarme, c'est le voleur qui gagne.

Indice : Il y a un moyen secret pour attraper le voleur ! Si le gendarme connaît ce moyen, il peut attraper le voleur chaque fois. Mais s'il ne le connaît pas, le voleur ne sera jamais attrapé.

Essayez de jouer pendant un certain temps avec un ami. Si aucun de vous deux ne découvre le secret, rendez-vous à la page 81 où l'astuce est dévoilée.

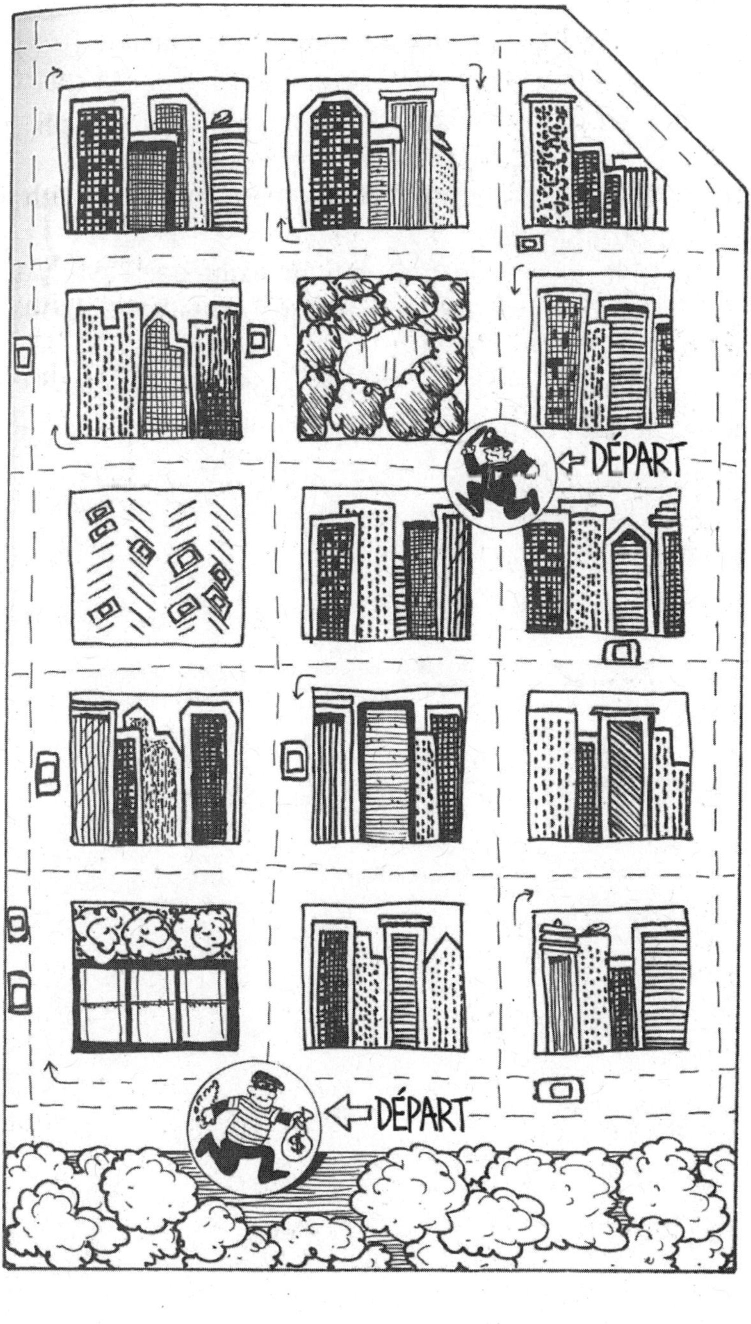
DÉPART
DÉPART

Nos prédictions

1. Écrivez le nom d'un pays commençant par la lettre D.
2. Écrivez le nom d'un animal commençant par la quatrième lettre du nom du pays.
3. Écrivez la couleur de l'animal.
4. Écrivez le nom d'un animal commençant par la dernière lettre du nom du pays.
5. Écrivez le nom d'un fruit commençant par l'avant-dernière lettre du nom de l'animal que vous avez choisi à l'étape 4.

Rendez-vous à la section des solutions. Nous vous donnerons nos prédictions en ce qui concerne les cinq mots que vous avez écrits.

Solutions à la page 81.

5. Casse-tête

Les proverbes du professeur Lettré

Le professeur Coco Lettré aime utiliser de grands mots et des phrases compliquées. Voici comment le professeur énoncerait huit proverbes bien connus. Essayez de les reconnaître, puis rendez-vous à la page 81 pour connaître les solutions.

1. Un fragment de minéral en rotation ne capitalise pas de végétaux bryophytes.

2. Faites appel à votre capacité de penser avant de passer aux actes.

3. Ne faites pas commerce de la dépouille du plantigrade avant de l'avoir envoyé *ad patres*.

4 L'astre autour duquel gravite la Terre émet sa lumière sans aucune discrimination.

5 Un oiseau migrateur passériforme n'est pas garant de la période transitoire entre froidure et canicule.

6 En l'absence de lumière, l'ensemble des petits félins domestiques présente une monochromie intermédiaire entre le noir et le blanc.

7 Une possession assurée mérite d'être préférée à une double acquisition éventuelle.

8 Les eaux courantes modestes engendrent les masses fluviales de grand débit.

Solutions à la page 81.

Le jean d'Hélène

Après avoir enfilé un nouveau jean, Hélène a pu enfoncer sa main droite dans la poche gauche de son pantalon et sa main gauche dans la poche droite. Comment a-t-elle pu faire ça ?

Solution à la page 81.

Cambriolage

Les Tremblay viennent de signaler un cambriolage à la police. Tous les bijoux de la dame ont disparu.

– Vous allez chercher des empreintes à l'intérieur, n'est-ce pas ? demande M. Tremblay au policier.

– Ce ne sera pas nécessaire, répond le policier. Il n'y a pas eu de cambriolage.

Pourquoi le policier est-il si sûr de lui ?

Solution à la page 81.

Un ordinateur incroyable

Un magasin vend un objet qui sert d'ordinateur et de machine à traitement de texte et qui est assez petit pour tenir dans une poche. Cet objet est capable de faire des additions, des multiplications, des soustractions et des divisions, en plus d'écrire dans plusieurs langues. Un dispositif de suppression corrigera les erreurs. Cet objet n'a pas besoin d'électricité pour fonctionner. Son prix? Juste quelques sous. Comment le magasin peut-il faire un profit en le vendant si bon marché?

Solution à la page 82.

Les animaux de Mme Perrin

Tous les animaux domestiques de Mme Perrin sont des chiens, sauf un, et tous ses animaux domestiques sont des chats, sauf un. Combien de chats et de chiens a-t-elle?

Solution à la page 82.

Les trois chemins

Tracez un chemin reliant M. Dubé au magasin d'informatique, un autre reliant Mme Dubé au centre de conditionnement physique et un troisième reliant Mathieu Dubé au terrain de baseball... sans qu'aucun des trois chemins ne se croisent.

Solution à la page 82.

Perdu dans le bois

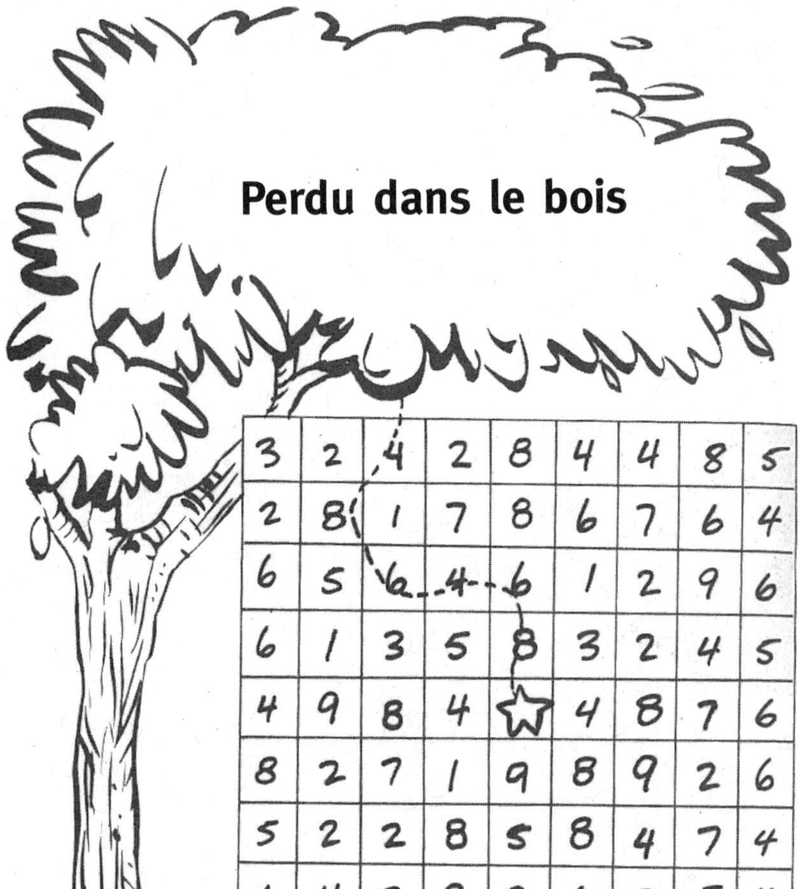

3	2	4	2	8	4	4	8	5
2	8	1	7	8	6	7	6	4
6	5	6	4	6	1	2	9	6
6	1	3	5	8	3	2	4	5
4	9	8	4	☆	4	8	7	6
8	2	7	1	9	8	9	2	6
5	2	2	8	5	8	4	7	4
1	4	3	9	2	6	2	5	4
7	6	2	2	6	9	8	6	3

L'étoile indique l'endroit de cette forêt carrée où vous êtes perdu. La ligne pointillée indique comment se rendre à la lisière en passant seulement sur les carrés pairs. Trouvez un chemin jusqu'à la lisière en n'utilisant que des carrés impairs.

Vous pouvez vous déplacer de bas en haut ou de haut en bas, vers la gauche ou vers la droite et en diagonale.

Solution à la page 82.

Trajet hors pair

Allez de Mexico à Acapulco en passant par un nombre pair de villes.

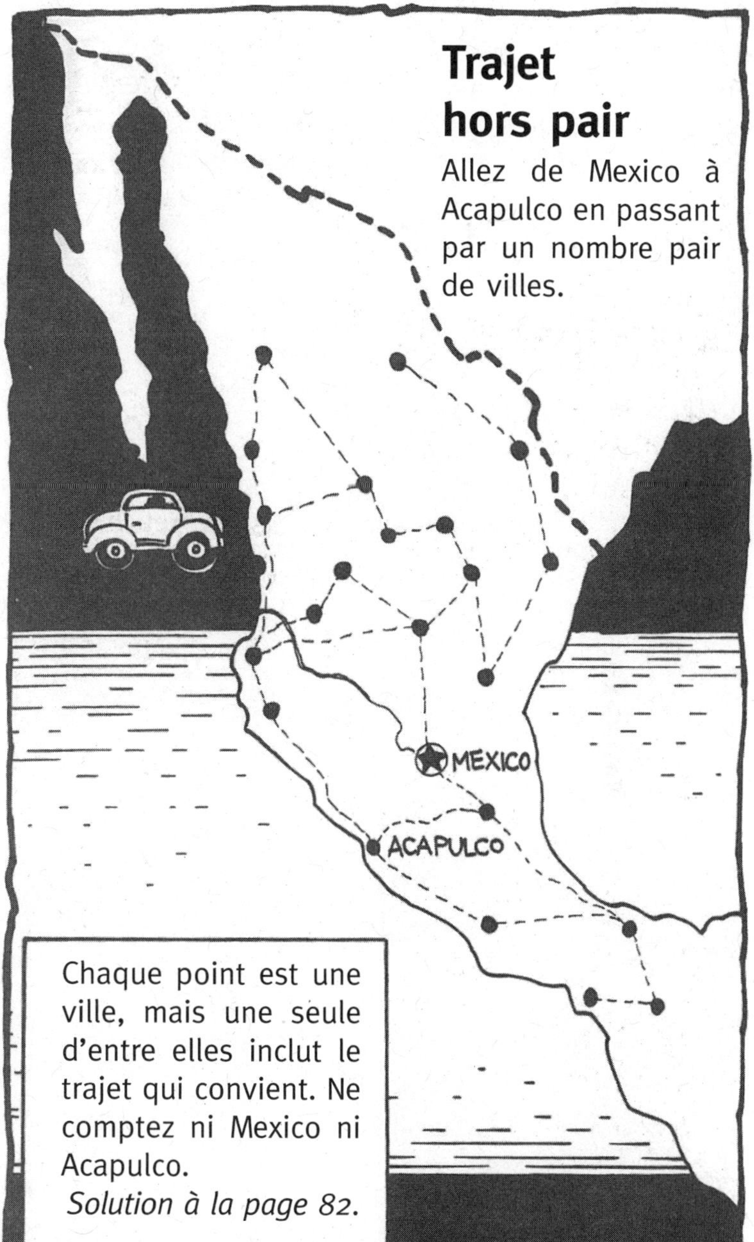

Chaque point est une ville, mais une seule d'entre elles inclut le trajet qui convient. Ne comptez ni Mexico ni Acapulco.

Solution à la page 82.

Des années à l'envers

Quelle année du siècle dernier reste la même quand on la tourne à l'envers ? Quelle année de l'avant-dernier siècle reste la même quand on inverse ses chiffres ?

Solutions à la page 82.

Chien mordant

L'étranger (au fermier) : « Est-ce que votre chien mord ? »
Le fermier : « Non. »

Le chien a ensuite mordu l'étranger à la jambe. Et pourtant, le fermier avait dit la vérité. Comment cela s'explique-t-il ?

Solution à la page 82.

6. Énigmes scientifiques

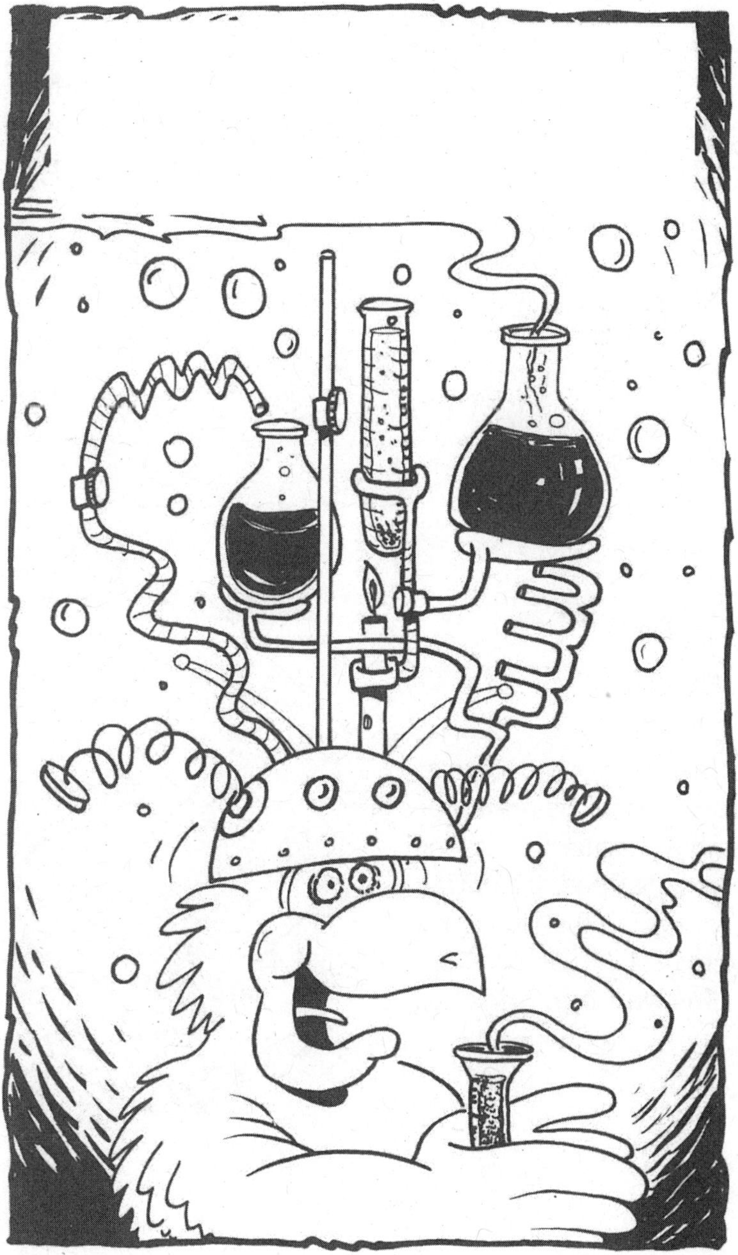

Points et carrés

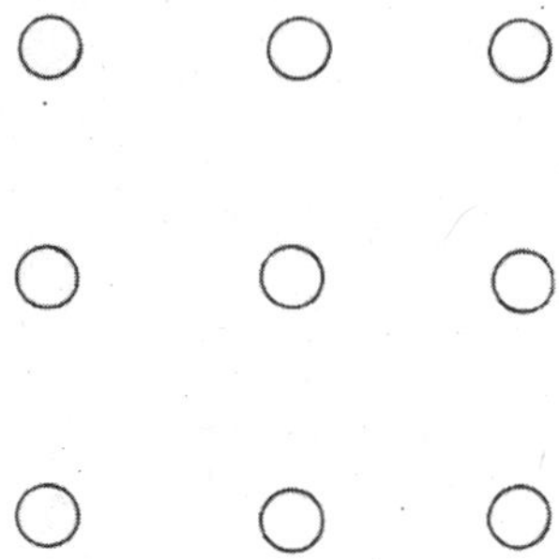

Combien peut-on former de carrés dont les coins sont constitués par quatre points?

Solution à la page 83.

Les carrés hindous

Combien y a-t-il de carrés sur ce dessin? La réponse semble facile, mais ne vous y fiez pas. Il pourrait y en avoir plus que vous le croyez!

Solution à la page 83.

Explorer la lune

Ces astronautes explorent un cratère présent sur la lune. Sur ce dessin, l'artiste a commis une erreur scientifique. Essayez de la trouver, puis comparez votre hypothèse à la solution de la page 83.

Poivre ou sel ?

Voici la toute dernière invention du professeur Bidouille : une salière poivrière automatique. Comme on l'imagine, il est très fier de sa machine et l'utilise constamment pour assaisonner ses aliments. Il est sur le point de l'utiliser sur un de ses plats préférés, de la bonne soupe chaude. S'il tourne la manivelle dans la direction de la flèche, cette machine incroyable saupoudrera-t-elle du sel ou du poivre dans le bol de soupe du professeur ?

Solution à la page 83.

Nœuds coulants ?

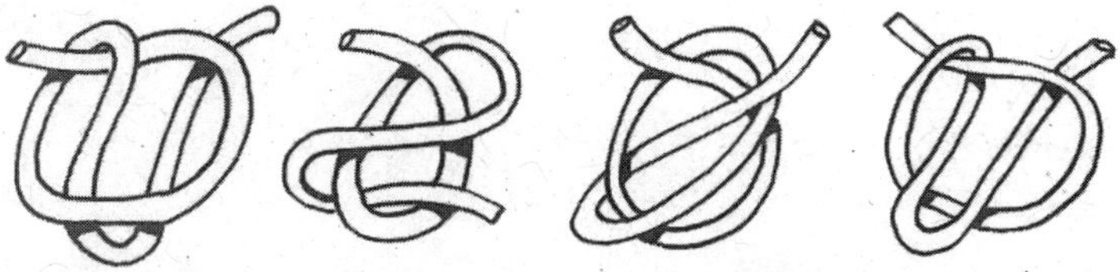

Si on tire sur les extrémités de chaque corde illustrée ci-dessus, deux d'entre elles formeront un nœud et deux n'en formeront pas. Lesquelles des quatre formeront un nœud?

Solution à la page 83.

Le chat en triangles

Voici un chat original entièrement constitué de triangles. Combien ce dessin de chat compte-t-il de triangles?

Solution à la page 83.

L’astronome étonné

Cet astronome amateur est en train d’observer une étoile qui brille entre les cornes d’une nouvelle lune. Sur ce dessin, l’artiste a commis une erreur scientifique flagrante. Laquelle?

Solution aux pages 83 et 84.

L'inventeur perplexe

Le professeur Bidouille travaille sur une autre invention extravagante munie d'engrenages. Il essaie de calculer dans quel sens la roue du bas tournera s'il fait tourner la roue du haut dans la direction de la flèche.
Qu'en pensez-vous ?

Solution à la page 84.

Les carrés de Lewis Carroll

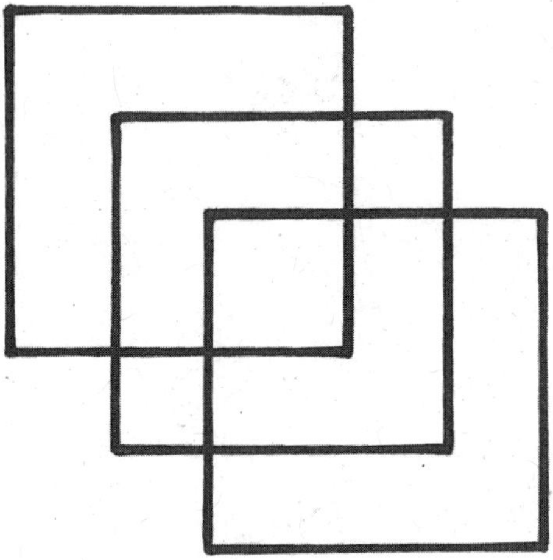

Cette énigme intéressante a été inventée par l'auteur d'*Alice au pays des merveilles*. Tracez les trois carrés à l'aide d'une seule ligne continue, sans croiser aucune autre ligne et sans soulever le crayon de la feuille.

Solution à la page 84.

7. Trouvez les erreurs

Combien d'erreurs trouverez-vous sur les dessins proposés dans les pages qui suivent ?

Solutions à la page 84.

COUPE 6 $
BARBE - 3,50 $

Maison et jardin

*Solutions au[x]
pages 85 et 86*

N
E
S

Au salon

Solutions aux pages 86 et 87.

Paysage

Solutions aux pages 87 et 88.

Horloge déboussolée

L'artiste a commis sept erreurs sur ce dessin. Trouvez-les.

Solutions à la page 88.

8. Jeux de logique

Pourquoi ?

1. Jean a été pris 27 fois en train de voler en une année, et pourtant il n'a jamais été arrêté. Pourquoi ?

2. Un camionneur a parcouru trois pâtés de maisons en sens interdit, sans commettre d'infraction. Pourquoi ?

3. Sur la même page de journal, un garçon et une fille se tiennent et pourtant, il leur est impossible de s'embrasser. Pourquoi ?

4. Aucun parent ne s'est plaint quand le professeur a donné la fessée à tous les enfants de la classe. Pourquoi ?

5. Trente personnes sont mortes dans l'écrasement d'un avion, mais aucun survivant n'a été enterré. Pourquoi ?

6. Un homme a lancé un ballon de soccer à trois mètres. Le ballon s'est arrêté en plein vol, a changé de direction et est retombé sur l'homme. Pourquoi ?

7. 96 n’est pas 69 à l’envers. Pourquoi ?

8. Il n’y a que deux « R » dans « Robert Régnier ». Pourquoi ?

9. Un chien a traversé un lac sans s’enfoncer dans l’eau. Pourquoi ?

10. Un boxeur a été inconscient sept fois au cours de la même semaine, et, pourtant, il n’a jamais été ni malade ni blessé, ni mis K.-O. au combat. Pourquoi ?

11. Une personne vivant en Ontario ne peut pas être enterrée au Québec. Pourquoi ?

12. Un espion a été capable de voir à travers le mur de brique d’une maison. Pourquoi ?

13. Un homme a roulé de Montréal à Vancouver sans savoir qu’il avait un pneu crevé. Pourquoi ?

Solutions aux pages 88 et 89.

Couper la tarte

Mme Martin essaie de voir comment elle pourrait couper sa tarte aux pommes avec quatre coupes droites et obtenir le plus grand nombre de parts possible. Quel est le plus grand nombre de parts qu'on peut obtenir avec quatre coupes ?

Solution à la page 89.

Le facteur futé

Quand le facteur est arrivé devant la maison des Pilon pour leur livrer le courrier dans la fente aux lettres de leur porte d'entrée, il a été surpris de voir qu'ils avaient fait l'acquisition d'un chien méchant. Il était attaché à un arbre par une corde juste assez longue pour atteindre la porte d'entrée.

Le chien s'est mis à grogner et a montré ses crocs. Comment le facteur futé a-t-il déjoué l'animal et atteint la porte en toute sécurité ?

Solution à la page 89.

Trouver leur nom

M. Boulanger, M. Marin et M. Charpentier se sont un jour rencontrés dans la rue.

– C'est curieux, non, dit M. Boulanger aux deux autres, qu'aucun d'entre nous n'ait le métier correspondant à son nom.

– C'est vrai, a acquiescé l'homme qui était le charpentier.

Trouvez le nom de famille de chacun des hommes illustrés ci-dessus.

Indice : Puisque M. Boulanger s'adresse au charpentier, il ne peut pas être lui-même le charpentier.

Solution à la page 89.

Les bas de couleur

Dix bas rouges et 10 bas verts sont mélangés dans un tiroir. Ils sont exactement identiques, sauf pour leur couleur. Si on ferme les yeux, qu'on ouvre le tiroir et qu'on en sort des bas sans les regarder, quel est le plus petit nombre qu'il faut sortir pour être certain d'avoir une paire de bas assortis ?

Solution à la page 89.

Le quatrième enfant

La mère de Marie, Mme Gagnon, a exactement quatre enfants. L'aîné, un garçon, elle l'a appelé Nord. La cadette, une fille, elle l'a appelée Sud. Le troisième enfant, un garçon, elle l'a appelé Est. Le dernier enfant était une autre fille. Comment l'a-t-elle prénommée ?

Solution à la page 89.

Le prisonnier rusé

LE ROI : Une boîte contient une bille blanche et l'autre boîte, une bille noire. Tu peux choisir une des deux boîtes. Si tu choisis la boîte qui contient la bille blanche, tu seras libéré. Mais si tu choisis celle avec la bille noire, tu seras pendu.

Le prisonnier savait que le roi était un homme diabolique et que chaque boîte contenait une bille noire. Qu'a-t-il fait pour échapper à la mort?

Solution à la page 90.

Les traces mystérieuses

M. Charlot Hotte, le grand détective, essaie de comprendre par qui ou par quoi ont pu être faites ces traces étranges dans la neige, menant au hangar à bois de la ferme. Quelle est votre hypothèse ?

Solution à la page 90.

Où est le tigre ?

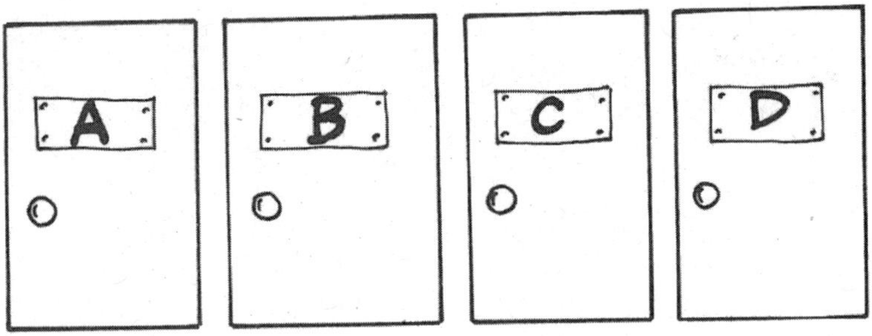

A	B	C	D
Le tigre est en B ou en C.	Le tigre est en A ou en D.	Le tigre est ici.	Le tigre n'est pas ici.

Voici une énigme pas facile à résoudre. Un tigre se trouve derrière une de ces quatre portes. Parmi les énoncés donnés sous les portes, trois sont faux. Où est le tigre ?

Solution à la page 90.

Le lien de parenté

« Le père de cette personne, dit l'homme en montrant une photo qu'il tient dans sa main, est le fils de mon père, et pourtant je n'ai ni frères ni fils. »

Quel est le lien de parenté entre l'homme et la personne sur la photo?

Solution à la page 90.

Pile ou face?

On vous donne une pièce. Vous la jetez 50 fois en l'air et, chaque fois, elle tombe sur face. Si vous la jetez une fois de plus, sur quel côté aura-t-elle le plus de chances de tomber, pile ou face?

Solution à la page 90.

Solutions

Faute de magie

Le magicien ne prononce pas la formule magique correctement. Il doit dire « Abracadabra », et non « Abradacabra ».

Duel en ville

Roger Ophidien perdra le duel parce qu'il n'a pas de mains pour sortir son revolver de son étui.

Un message secret

Penchez la page vers l'avant pour voir le dessin sous un angle incliné et vous lirez la formule de salutation.

D'une bête à l'autre

Âne, héron, lion, faon, vache, lion, pou, geai, rat.

Dessins naïfs

Avion
Éléphant
Plongeon
Skieur

Jeux de mots farfelus

2. Une paire de gants
3. Un écran plat
4. Plier sous le poids
5. Un cas unique
6. Pris sur le fait
7. Tourner autour du pot
8. Des fiançailles rompues
9. Un dîner surprise entre amis
10. Le monde à l'envers
11. Mettre les points sur les i
12. Un esprit tordu

13. Être au milieu de nulle part
14. Non loin de là
15. Un tissu mélangé
16. Une six cylindres
17. Tourner et retourner une pensée
18. À prendre avant chaque repas

Lettres changeantes

En tournant le carré du M à l'envers, on obtient un W, et en tournant le carré du U sur le côté, on obtient un C. La réponse est CRAWL.

La plaque mystérieuse

Retournez la page.

Proverbe caché

Commencez dans le coin inférieur gauche, puis tournez dans le sens inverse des aiguilles d'une montre pour épeler : « Le chat parti, les souris dansent. »

L'épicier aux rébus

1. Œufs 2. Saucisses 3. Dattes 4. Pâtes 5. Huile 6. Fromage de chèvre

Noms mystérieux

Placez la page devant un miroir.

Un zoo en lettres

âne, cane, chat, lion, loup, oie, paon, pic, pie, plie, pou, poulpe, taon

Quelle est l'anomalie sur ces dessins ?

L'épée du chevalier est droite alors que le fourreau de l'épée est arrondi.
Le téléviseur n'est pas branché.
La corde se trouve en arrière de la main du cow-boy.
Les ombres des acrobates ne sont pas à la bonne place.

Le peintre distrait

L'enseigne devrait indiquer « SINGES AGILES ».

Quelle lettre ?

En tournant la page de 90° dans le sens des aiguilles d'une montre, vous verrez un E majuscule.

La courtepointe d'Anne

Les prénoms féminins suivants sont écrits : Anne, Annette, Annie, Jeanne, Jeannette, Julia, Julie, Juliette, Karen, Karine, Marie, Mariette, Marina, Marine, Marion, Rosa, Rose, Rosette, Rosine.

Le voleur invisible

Le voleur se tient à l'intersection numéro 9.

L'auto de Charles

L'auto de Charles est celle qui n'a ni portière ouverte, ni vitre baissée, ni passager et qui est garée près d'un parcomètre. C'est donc la deuxième auto à partir du haut.

Napoléon chez lui

Téléviseur, lampe électrique, téléphone, automobile, avion, portrait de Lincoln, image de la statue de la Liberté, paquet de croustilles, boîte de mouchoirs en papier, ordinateur.

Erreur tranchante

Les ciseaux ne peuvent pas se fermer.

Problème de volets

De chaque côté d'un volet, les lamelles sont inclinées en sens opposé. Sur ce dessin, les lamelles sont inclinées dans le même sens des deux côtés du volet.

Deux clients

L'homme dit au commis : « Je veux acheter des ciseaux. »

Duel au pistolet

Alphonse et Gaston ne se sont pas battus en duel l'un avec l'autre.

Damien et ses patins à roulettes

Damien habite dans une maison de plain-pied; donc, il ne peut pas avoir sa chambre au deuxième étage.

Qui lit le plus vite ?

La sœur de William est celle qui lit le plus vite. Elle a terminé l'histoire en 70 minutes, soit 10 minutes de moins que les 80 minutes de William.

Pages déchirées

Quatre. Les pages 53 et 54 sont les deux faces d'une même feuille.

Le nœud du problème

Croisez vos bras avant de saisir les extrémités de la ficelle. Décroisez vos bras et il se formera un nœud dans la corde.

Le mot mystérieux

L'animal marin est une LOUTRE.

Gendarme et voleur

Dans le coin supérieur droit du dessin, les rues forment un pâté triangulaire. Celui-ci permet d'attraper le voleur.
Pour pouvoir attraper le voleur, le gendarme doit d'abord faire *tout le tour de ce pâté triangulaire*. Cela étant fait, ce sera facile pour lui de coincer le voleur dans l'un des trois coins.
Mais si le gendarme ne fait pas d'abord le tour du triangle, il n'attrapera jamais le voleur.
Gardez ce secret pour vous et vous serez capable de battre vos amis chaque fois que vous jouerez à ce jeu.

Nos prédictions

Vous avez écrit : DANEMARK, ÉLÉPHANT, GRIS, KANGOUROU et ORANGE.

Les proverbes du professeur Lettré

1. Pierre qui roule n'amasse pas mousse.
2. Il faut réfléchir avant d'agir.
3. Il ne faut pas vendre la peau de l'ours avant de l'avoir tué.
5. Une hirondelle ne fait pas le printemps.
4. Le soleil brille pour tout le monde.
6. La nuit, tous les chats sont gris.
7. Un tiens vaut mieux que deux tu l'auras.
8. Les petits ruisseaux font les grandes rivières.

Le jean d'Hélène

Elle a mis son jean devant derrière.

Cambriolage

Quand un cambrioleur brise une fenêtre en étant à l'extérieur, le verre s'éparpille à l'*intérieur* de la pièce.

Un ordinateur incroyable

L'ordinateur est un crayon à mine en bois, muni d'une gomme à effacer.

Les animaux de Mme Perrin

Mme Perrin a un chat et un chien.

Les trois chemins

Perdu dans le bois

Vous trouverez la sortie en allant de l'étoile aux chiffres 3, 1, 7, 9 et 5.

Trajet hors pair

Pour résoudre l'énigme, vous devez simplement passer par la ville la plus proche de la roue avant de l'auto.

Des années à l'envers

Les années qui restent identiques sont 1961 et 1881.

Chien mordant

Le fermier a dit la vérité puisque ce n'était pas son chien.

Points et carrés

On peut former six carrés différents.

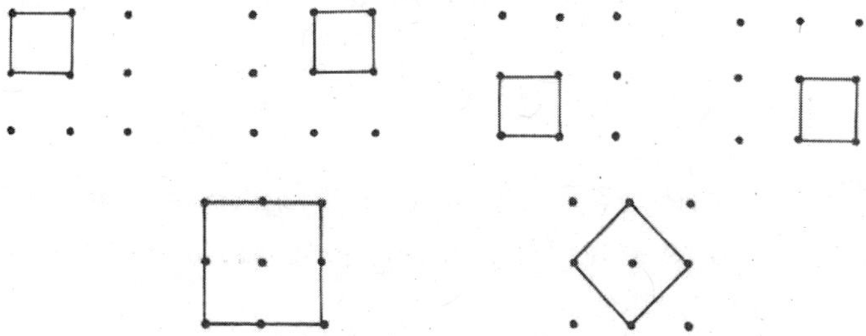

Les carrés hindous

Il y a cinq petits carrés, cinq carrés moyens et un grand carré, pour un total de 11 carrés.

Explorer la lune

Il n'y a pas de nuages sur la lune. Les nuages sont des masses de vapeur d'eau flottant dans l'atmosphère, et il n'y a ni eau ni atmosphère sur la lune.

Poivre ou sel?

La machine saupoudrera du sel dans la soupe.

Nœuds coulants?

Les cordes 1 et 2 formeront des nœuds quand on tirera sur leurs extrémités.

Le chat en triangles

Le chat est constitué de 20 triangles.

L'astronome étonné

Il est impossible qu'une étoile se trouve à l'intérieur d'un croissant de lune. Le croissant n'est que le bord de la lune éclairé par le soleil. Le reste de la lune ronde est toujours présent, mais il est sombre et on ne peut pas le voir sur le ciel noir. Pour être à l'intérieur du croissant, une étoile devrait se trouver entre la lune et la terre, mais aucune étoile n'est si proche de nous.

L'inventeur perplexe

La roue du bas ne peut pas tourner du tout. Les trois roues reliées entre elles en triangle se bloqueraient et refuseraient de tourner.

Les carrés de Lewis Carroll

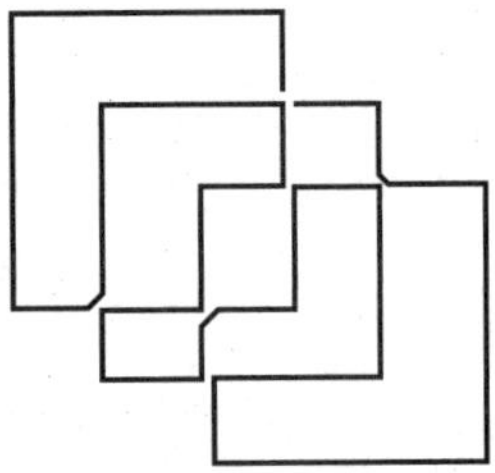

Chez le coiffeur

1. Le reflet de l'horloge dans le miroir devrait avoir les nombres inversés, mais il ne les a pas.
2. L'aiguille des heures de l'horloge reflétée dans le miroir est pointée sur le 12, mais l'aiguille des minutes est à mi-chemin entre le 3 et le 4.
3. Le calendrier du mois d'avril a 31 jours.
4. L'enseigne sur la porte indiquant « COIFFEUR ANDRÉ » n'est pas retournée. On ne peut donc pas la lire de l'extérieur.
5. « Mercredi » est écrit « Mercridi ».
6. À l'extérieur de la vitrine, il manque l'arrière du sac de la femme.
7. Les gouttes de pluie sont à l'envers.
8. Les lames des ciseaux tenus par le coiffeur ne peuvent pas se fermer.

9. Chacune des mains du coiffeur n'a que trois doigts et un pouce.
10. L'oreille du coiffeur est à l'envers.
11. Le fauteuil de coiffure n'a pas de manette pour le lever et le baisser.
12. Le client a une moustache, mais celle-ci n'est pas reflétée dans le miroir.
13. La cravate unie du client est rayée dans le miroir.
14. Le client porte des lunettes. (On retire toujours ses lunettes pour se faire couper les cheveux.)
15. Les lunettes du client ont un verre rond et un verre carré.
16. Le client a un soulier différent à chaque pied.
17. Sur le parapluie posé contre le mur, la poignée se trouve à la mauvaise extrémité.
18. La canne à côté du parapluie a le bout pointu.
19. Sur la porte donnant sur la rue, la poignée et les charnières se trouvent du même côté.
20. La veste du client accrochée au portemanteau a des manches de longueurs différentes.
21. Les boutons de la veste et ses boutonnières se trouvent du mauvais côté.

Maison et jardin

1. Sur la girouette, les directions est et ouest sont inversées.
2. La flèche de la girouette indique que le vent souffle dans une direction alors que la fumée de la cheminée s'envole dans l'autre direction.
3. L'ombre de l'homme n'est pas en face du soleil.
4. Il n'y a aucune autre ombre sur le dessin.
5. La goutte qui tombe du robinet est à l'envers.
6. L'eau qui coule du tuyau forme une courbe impossible.
7. Le tuyau n'est pas relié au robinet de la maison.

8. La cabane à oiseaux au-dessus du poteau flotte dans les airs à deux centimètres du poteau.
9. La pomme de l'arrosoir n'est pas trouée.
10. Un des pots de fleurs n'a pas le fond troué.
11. Le chien allongé sur la pelouse a les pattes placées dans des positions impossibles.
12. Le chien n'a pas d'oreilles.
13. Le chat a l'air d'être suspendu dans les airs; il n'est posé sur aucune branche.
14. Le chat a une queue beaucoup trop longue.
15. Les poignées des fenêtres à battants sont placées à l'extérieur.
16. Le pêne de la partie inférieure de la porte n'est pas dans l'alignement de la poignée.
17. La partie inférieure de la porte est trop basse pour qu'on puisse entrer.
18. Il n'y a pas de poignée sur la partie supérieure de la porte.
19. Une des marches menant à la porte arrière est trop haute.
20. La rampe de l'escalier est trop basse.
21. La gouttière sur le toit est inclinée dans le sens opposé au dégorgeoir.

Au salon

1. Le lustre n'est pas fixé au plafond.
2. L'abat-jour sur la lampe est à l'envers.
3. La cage a les barreaux si éloignés les uns des autres que l'oiseau peut en sortir.
4. Le mousqueton accroché au mur a la gâchette à l'envers.
5. Le crayon est tellement proche du bord de la table qu'il devrait tomber.
6. La table près du fauteuil a un pied en moins.
7. Un des côtés du livre lu par l'homme est plus court que

l'autre côté.

8. Le titre du livre est placé du mauvais côté.
9. Le mot « Mystère » sur le livre est mal écrit.
10. La photo de la mère de Guillaume, au-dessus du foyer, la montre devant un téléviseur.
11. Un des tableaux est penché d'une manière impossible.
12. La table a des rallonges pliantes, mais les charnières sont au-dessus du rabat.
13. L'échiquier compte 6 cases sur 8 au lieu de 8 sur 8.
14. La fenêtre s'ouvre en se soulevant, mais un de ses côtés a des charnières.
15. Il y a un intervalle vide dans le collier de perles de la femme.
16. Les talons des souliers de la femme n'ont pas la même hauteur.
17. La cruche sur la table a son anse placée sur le côté, pas en face de son bec.
18. Il y a un hublot sur le mur par lequel on voit l'océan.
19. Le piano n'a pas de touches noires.
20. Le dessus du tabouret de piano n'est pas centré par rapport à son pied.
21. Un des motifs du fauteuil de la femme est différent des autres.
22. Le store est relevé, mais son cordon est décentré.

Paysage

1. Un des nuages passe *derrière* le soleil.
2. Un croissant de lune ne serait pas visible en plein jour.
3. Le croissant est du mauvais côté de la lune.
4. Les cornes d'un croissant de lune ne sont jamais si longues.
5. L'arc-en-ciel au loin n'est pas en face du soleil.
6. Le panneau de signalisation n'est pas fixé au poteau.
7. La tortue a trois pattes d'un côté.
8. La vache a des cornes de taureau.

9. Le lapin n'a qu'une oreille.
10. Le cygne n'a pas formé d'ondes sur le lac.
11. La chaloupe a ses deux tolets du même côté.
12. La pale d'une des rames est ronde et l'autre, carrée.
13. Des roses et des tulipes poussent ensemble à partir d'une même racine.
14. La route a une grande crevasse.
15. Les oiseaux sont à l'envers.
16. Le serpent qui est sur la route a des pattes.
17. Les cochons ne peuvent pas voler.
18. Le contour de l'arbre ne montre que des feuilles arrondies, mais les feuilles seules sont toutes pointues.
19. Il ne pleut qu'en un point précis.
20. Le tronc de l'arbre a un gros trou.
21. La position de l'avion est impossible. Un avion grandeur nature devrait se trouver *en arrière* de la colonne de pluie.
22. L'avion n'a qu'une aile.

Horloge déboussolée

1. Les heures 7 et 8 sont inversées. **2.** Si l'aiguille des minutes est placée sur le 12, l'aiguille des heures ne pointe pas entre 2 chiffres. **3.** Le nombre 10 est en chiffres romains. **4.** Le 3 est à l'envers. **5.** Le 5 est incliné. **6.** Il y a 4 minutes entre le 5 et le 6. **7.** Il y a 6 minutes entre le 11 et le 12.

Pourquoi ?

1. L'homme était un joueur de baseball qui volait des bases.
2. Le camionneur était à pied.
3. Ils se tenaient de chaque côté d'une porte.
4. Les enfants étaient dans un orphelinat.
5. Les survivants ne sont pas morts.

6. Il a lancé le ballon en l'air à la verticale.
7. 96 à l'envers, c'est toujours 96.
8. Les deux autres r de Robert Régnier sont des minuscules.
9. Le lac est gelé.
10. Le boxeur était endormi dans son lit à sept reprises.
11. Elle n'est pas morte.
12. L'espion regardait par une fenêtre.
13. C'était son pneu de secours qui était crevé.

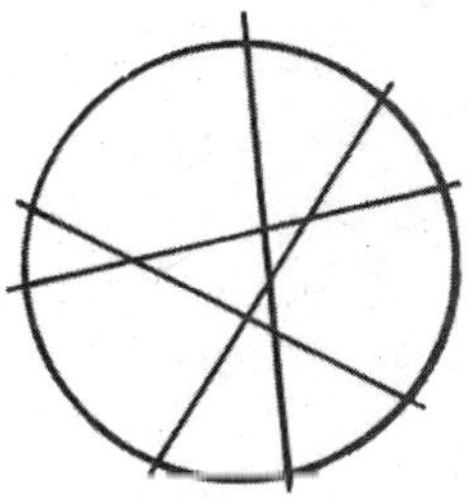

Couper la tarte

Le facteur futé

Le facteur a fait le tour de l'arbre en courant. Le chien l'a suivi jusqu'à ce que la corde s'enroule suffisamment autour du tronc pour garder le chien éloigné de la porte. Le chien n'était pas assez intelligent pour dérouler la corde.

Trouver leur nom

M. Boulanger ne peut pas être le boulanger et il ne peut pas non plus être le charpentier puisque le charpentier a répondu à sa remarque. Donc il doit être le marin. M. Charpentier ne peut être ni le charpentier ni le marin; donc il doit être le boulanger. Il reste M. Marin, qui doit être le charpentier.

Les bas de couleur
Trois bas.

Le quatrième enfant
L'enfant a été prénommée Marie.

Le prisonnier rusé
Le prisonnier a ouvert une boîte, a caché la bille dans son poing, l'a mise dans sa bouche et l'a avalée. Pour connaître la couleur de la bille, il fallait ouvrir l'autre boîte; bien entendu, elle contenait une bille noire. Ainsi, le prisonnier n'a pas accusé ouvertement le roi de tromperie et il a eu la vie sauve.

Les traces mystérieuses
Les traces ont été faites par un homme qui a une jambe de bois et qui poussait une brouette.

Où est le tigre?
Le tigre est derrière la porte D.

Le lien de parenté
L'homme est le père de la personne sur la photo, laquelle est sa fille.

Pile ou face?
Il y a plus de chances que ce soit face. Si on jette une pièce en l'air 50 fois et qu'elle tombe à chaque fois sur face, c'est sûrement une pièce qui a une face sur chacun de ses côtés.

Index

Découvrez

un aperçu du livre

Accros de jeux de logique

paru dans la même collection.

Au zoo

Au zoo, cinq animaux se disputent à propos de leur âge parce que le plus vieux est toujours nourri le premier et qu'ils ont tous une faim de loup. Pouvez-vous trouver l'âge de chaque animal ?

1. La loutre est plus âgée que le léopard.
2. L'émeu est plus jeune que la loutre.
3. Le léopard est plus âgé que l'hippopotame.
4. L'hippopotame est plus âgé que l'émeu et le lion.
5. Le lion est plus âgé que l'émeu.

Solution à la page 120.

	10	11	12	13	14
Émeu					
Hippopotame					
Léopard					
Lion					
Loutre					

Eau à partager

Stéphanie a apporté une bouteille d'eau en classe. Comme plusieurs de ses élèves avaient soif, elle est allée chercher des petits gobelets en papier et leur a dit de se servir. La première élève, Térésa, a pris ¼ du volume total d'eau. Brady a ensuite pris ⅕ de ce qui restait. Après cela, Keith a pris ⅓ de ce qui restait. L'élève suivante, Cathy, a pris ½ de ce qui restait. Puis Kent a pris 6 cl, laissant à Stéphanie les 6 cl restants. Combien de centilitres d'eau la bouteille de Stéphanie contenait-elle au départ ?

Solution à la page 124.

Corpsnivores

Dans l'ordinateur de Tristan, les Mangeurs de corps sont sortis du jeu vidéo *Corpsnivores* et ont commencé à dévorer certaines créatures d'autres jeux. Lorsque Tristan a voulu jouer le lendemain, il a découvert avec horreur que plusieurs créatures manquaient. À l'aide des indices donnés, trouvez pour chaque espèce le nombre exact de créatures manquantes et le jeu auquel elles appartiennent.

1. Il y avait 21 taupes de plus que de zombies.
2. Au total, 115 créatures ont été dévorées durant la nuit.
3. Certains reptiles ont été mangés, 10 de moins que de squales.
4. Tous les wombats ont disparu ! Il y en avait 11. Pauvres petites bêtes !
5. Il manque 44 limaces.

Wombats zombies	Limaces cannibales	Requins vampires	Taupes hypnotiseuses	Pythons ventreurs

Solution à la page 120.

BONNE NOUVELLE ! On vient d'apprendre que les créatures disparues sont retournées dans leurs jeux respectifs. Les *corpsnivores* ne les ont pas dévorées; au contraire, ils leur ont offert un festin d'octets grillés. Ouf !

Qui va loin ?

Cinq personnes ont mis un gallon d'essence dans leur véhicule pour voir qui irait le plus loin. À l'aide des indices et de l'information ci-dessous, trouvez, pour chaque véhicule, la distance parcourue, la personne qui l'a conduit et la couleur de la carrosserie.

1,6 kilomètre (km) = 1 mille (mi)

1. La moto rouge a fait 12 km de plus que le VUS.
2. Un véhicule, pas le VUS, a parcouru 34,5 mi.
3. La vieille dame a roulé pendant 55,2 km.
4. La personne qui conduisait la moto portait un blouson vert et a parcouru 48 km.
5. L'arbitre a fait 19,2 km de moins que la personne chaussée de tennis et 4,5 mi de moins que la familiale verte.
6. Celui qui portait des chaussures de ski a parcouru 27 mi.
7. La personne qui conduisait la voiture de sport bleue portait des boucles d'oreilles en or.
8. Le véhicule orange a roulé pendant 22,5 mi.
9. Les cinq véhicules ont parcouru un total de 150 mi.

Solution à la page 123.

	familiale	motocyclette	VUS	camionnette	voiture de sport	km	mi
homme au blouson vert							
femme aux boucles d'oreilles							
adolescent en chaussures de ski							
vieille dame en tennis							
arbitre de basket-ball							
bleu							
noir							
vert							
rouge							
orange							
km							
mi							

Tourbillon glacé

Combien de crème glacée pourriez-vous manger en cinq minutes ? Six enfants ont fait un petit concours pour voir qui pourrait en manger le plus. Ils sont allés au Palais de la crème glacée et ont demandé à Léo, le patron, de leur servir « une tonne » de crème glacée, façon de parler. Pouvez-vous trouver le gagnant et dire combien chacun a mangé de boules et de quel parfum ? Imaginez le bonheur de participer à un tel concours !

1. Sara a mangé moitié moins de boules que Caleb.
2. Ni Joey ni Loren n'aiment la framboise.
3. Joey a mangé moins de boules que Sydney.
4. L'enfant qui a mangé la glace à la pêche a remporté le concours.
5. Dakota n'aime pas la pistache.
6. Loren a mangé plus du double de ce qu'a mangé Sara.
7. L'enfant qui a mangé quatre boules a choisi la vanille.
8. Sydney, qui a choisi la pistache, a mangé trois boules de plus que Joey.
9. Loren a mangé trois boules de plus que Dakota.
10. Sydney a mangé deux boules de moins que Loren.
11. L'enfant qui a choisi le chocolat a mangé deux boules de plus que l'enfant qui a choisi la vanille.

Solution à la page 124.

	Boules											
	2	3	4	5	6	7	*fraise*	*framboise*	*vanille*	*pêche*	*pistache*	*chocolat*
Caleb												
Dakota												
Joey												
Sara												
Loren												
Sydney												
fraise												
framboise												
vanille												
pêche												
pistache												
chocolat												

Vente de débarras

Beverly a décidé de se débarrasser de tout un lot de tissu qui encombre son grenier. Elle fait une vente de débarras et affiche la pancarte suivante :

> **Tissu à vendre**
>
> Au mètre et au coupon.
>
> Tout doit partir ! **Pas cher !**

À midi, presque toute la marchandise est écoulée et Beverly a l'intention d'envoyer le tissu invendu au centre de recyclage. À partir des informations suivantes, trouvez la somme perçue par Beverly et la quantité de mètres de tissu à recycler.

Quantit initiale	**Quantit vendue**	**Prix de vente**	**Somme per ue**	**Tissu invendu (en m tres)**
1 180 cm	100 dm	0,66 $/m		
8,61 m	771 cm	1,12 $/m		
541 cm	49,6 dm	0,75 $/m		
		Total per u		
			recycler	

Solution à la page 120.

Le grand partage

Quatre garçons avaient trois barres de chocolat : une Snickers, une Hershey et une Mars. Ils se sont mis d'accord pour couper une barre en trois morceaux, une en quatre morceaux et une en cinq morceaux. Puis, en grands garçons qu'ils étaient, ils ont pris à tour de rôle un morceau de la barre de leur choix, jusqu'à ce que chacun ait trois morceaux. À l'aide des indices suivants, trouvez les morceaux obtenus par chacun et associez les noms aux prénoms.

1. Smith n'a pas choisi un morceau de Mars.
2. Jérémie a pris deux des quatre morceaux de Mars, mais pas de Hershey.
3. Jones était le seul à ne pas avoir pris un morceau de Snickers.
4. Derek et Smith ont eu chacun un morceau de Hershey de plus que Tyler.
5. Jason n'a pas pris de morceau de Mars.
6. Greene n'a pas pris de morceau de Hershey.
7. Ozzie a pris un morceau de Mars.

	Nom de famille				Nombre de morceaux		
	Tyler	Jones	Smith	Greene	Snickers	Hershey	Mars
Jeremie							
Derek							
Jason							
Ozzie							
Snickers							
Hershey							
Mars							

Solution à la page 122.

Trombones

Douze boîtes contiennent un total de 303 trombones. La boîte qui en contient le moins en a quatre. Une autre boîte en renferme 39. D'après les indices suivants, combien y a-t-il de trombones dans chaque boîte ?

La boîte C en contient moitié moins que la boîte J.
La boîte F contient 1/10 de la boîte D.
La boîte L contient 1/5 de la boîte E.
La boîte H en contient cinq fois plus que la boîte F.
La boîte L en contient deux de moins que la boîte C.
La boîte I en contient trois fois plus que la boîte C.
La boîte A en contient moitié moins que la boîte K.
La boîte K en contient un de moins que la boîte I.
La boîte B en contient quatre fois plus que la boîte F.
La boîte G en contient deux fois plus que la boîte L.

A	B	C	D	E	F

G	H	I	J	K	L

Solution à la page 123.

Quatre fanas de foot et quatre pizzas

Quatre gars regardent un match de football. Quatre pizzas cuisent dans le four. À la fin du premier quart-temps, les quatre pizzas sont prêtes à manger. N'aimant pas tous les mêmes garnitures, ils découpent les quatre pizzas de la façon suivante :

3 pointes de pizza au pepperoni
5 pointes de pizza au fromage
4 pointes de pizza à la saucisse
4 pointes de pizza végétarienne

À l'aide des indices ci-dessous, répondez à ces questions : Qui a mangé quelles sortes de pizzas et combien de pointes de chacune? Remarque : Chacun des quatre gars a eu quatre pointes.

1. Personne n'a mangé plus de trois pointes d'une même pizza.
2. Une des pointes de pizza, celle au pepperoni, a été choisie par Hank; il a aussi pris une pointe végétarienne.
3. Trois des pointes choisies par Peter venaient d'une même pizza. Une pointe était végétarienne.
4. Deux des gars ont mangé une pointe de chaque pizza.
5. Jason n'aime pas la pizza au fromage.

	Pointes au pepperoni			**Pointes au fromage**			**Pointes à la saucisse**			**Pointe végétarienne**		
	1	**2**	**3**	**1**	**2**	**3**	**1**	**2**	**3**	**1**	**2**	**3**
Peter												
Bob												
Hank												
Jason												

Solution à la page 121.

Babysitting

Cinq jeunes gens font du babysitting pour gagner un peu d'argent, chacun économisant dans un but spécifique. À l'aide des indices donnés, trouvez le salaire horaire de chaque personne, la somme qu'elle a gagnée jusqu'ici et la façon dont elle va dépenser son argent.

1. Dylan est celui qui a gagné le plus d'argent, bien qu'il ait le salaire horaire le plus bas.
2. Carson a travaillé 19 heures, soit 23 de moins que Wills.
3. Gray gagne 4,75 $ l'heure et a travaillé 35 heures. Elle économise pour acheter une bicyclette.
4. La personne qui économise pour acheter un ordinateur (pas Amélia ni Ellis) gagne 5,25 $ l'heure et a accumulé 99,75 $.
5. La personne qui économise pour acheter des vêtements n'est ni Elvis ni Jones.
6. Sands a travaillé 66 heures.
7. La personne qui économise pour payer ses études a travaillé 38 heures; la personne qui économise pour acheter des vêtements a travaillé 42 heures.

Solution à la page 120.

	Nom de famille					$ gagnés					$/heure				
	Wills	Sands	Jones	Ellis	Gray	264,00	166,25	99,75	189,00	190,00	4,00	4,50	4,75	5,00	5,25
Amélia															
Barry															
Carson															
Dylan															
Elvis															
Voyage															
Bicyclette															
Ordinateur															
Études															
Vêtements															
4,00 $															
4,50 $															
4,75 $															
5,00 $															
5,25 $															

Arrêts des peintres

Au retour de l'école, les cinq derniers élèves à descendre de l'autobus scolaire sont Diane, Bruce, Tracy, Danny et Justin. L'autobus les dépose chacun sur la rue où ils habitent. À partir des six indices, déterminez l'ordre dans lequel les élèves descendent de l'autobus et l'endroit où se trouve leur maison.

1. Danny descend avant Justin et Tracy; Justin descend avant Diane.
2. L'avenue Picasso est située entre la rue Botticelli et l'allée Renoir.
3. Tracy descend après Bruce.
4. Le nom de la deuxième personne à descendre ne commence pas par la lettre D.
5. Diane descend entre l'avenue Picasso et la rue Rubens, qui sont toutes deux avant la rue Monet.
6. L'avant-dernière personne à descendre vit entre l'allée Renoir et la rue Monet.

	Diane	**Bruce**	**Tracy**	**Danny**	**Justin**	**1er**	**2e**	**3e**	**4e**	**5e**
Rubens										
Monet										
Picasso										
Botticelli										
Renoir										
Ordre de descente 1er										
2e										
3e										
4e										
5e										

Solution à la page 120.

Échec !

Bob et Alex jouent beaucoup aux échecs. Alex est meilleur que Bob. C'est pourquoi, lors d'un tournoi de 50 parties (à l'issue duquel le perdant devait laver la voiture du gagnant), ils se sont entendus sur le système de comptage suivant :

	Échec et mat	Partie nulle	Pat
Bob	3,5 points	¾ point	¼ point
Al	1,5 point	½ point	⅛ point

Qui a gagné après 50 parties ? (Essayez de trouver la réponse sans l'aide d'une calculatrice !)

	Échec et mat	Partie nulle	Pat	Total
Bob	11	8	2	
Al	27	8	2	

Solution à la page 120.

Porcs dans la brume

Cinq éleveurs porcins conduisaient leurs porcs à la foire régionale annuelle lorsqu'une brume soudaine s'est élevée dans l'intersection qu'ils traversaient, causant un carambolage général. Personne n'a été blessé; cependant, tous les porcs – 336 au total – se sont échappés et ont disparu dans la brume. À partir des indices, combien y avait-il de porcs dans chaque camion?

1. La Dodge transportait quatre fois plus de porcs que la Chevrolet.
2. Le plus grand chargement, ⅓ des porcs, était celui de la Mack.
3. Le plus petit chargement, 24 porcs, n'était pas celui de la Ford.
4. La Ford transportait 24 porcs de moins que la GMC.

Chevrolet	Dodge	Ford	GMC	Mack

Solution à la page 122.

Balles et ballons retrouvés

En faisant le ménage du gymnase, M. Clark a retrouvé un tas de balles et de ballons qu'il pensait perdus. Combien en a-t-il trouvé de chaque sorte?

1. Six balles de racquet-ball de plus que de ballons de football.
2. Moins de ballons de football que de ballons de soccer.
3. Moitié moins de ballons de soccer que de balles de softball.

	4	8	10	12	16
basket-ball					
soccer					
softball					
football					
racquet-ball					

Solution à la page 123.

Redressements assis

Ils sont fous ces garçons ! Chaque matin, ils se rencontrent dans le gymnase de l'école pour faire des compétitions d'abdominaux. Aujourd'hui, combien de redressements assis chacun a-t-il fait ?

1. Logan en a fait moitié moins que Léo.
2. Nicky en a fait deux fois plus que Zack.
3. Chan a fait ⅓ du nombre d'Axel.
4. Dale en a fait trois fois plus qu'Andy.
5. Léo en a fait moitié moins que Dale.
6. Chan en a fait trois fois plus que Zack.
7. Andy a fait les ⅔ de Léo.
8. Logan en a fait trois fois plus que Nicky.
9. Le nombre le moins élevé de redressements était de cinq.
10. L'un des garçons en a fait 60.

______ Andy	______ Chan	______ Nicky	______ Leo
______ Axel	______ Dale	______ Logan	______ Zack

Solution à la page 124.

Décimaux entiers

En ajoutant ou en soustrayant les nombres décimaux ci-dessous, créez sept nombres entiers. Remarque : Ne mélangez pas les opérations pour trouver un nombre entier et n'utilisez chaque nombre décimal qu'une fois.

6,09	0,25	3,96
5,47	7,997	0,22
9,25	4,78	0,003
0,91	0,04	0,878
0,53	0,121	0,001

Solution à la page 124.

Les Lynx roux

Les Lynx roux forment une très bonne équipe de basket-ball. Ils tirent au panier sans arrêt et sont d'excellents rebondeurs. À l'aide des indices ci-dessous, déterminez les noms et prénoms des joueurs, ainsi que la taille et la moyenne de points de chacun.

1. Jon n'est pas le plus grand de l'équipe, mais il est plus grand qu'Aaron.
2. Ben et Lien sont les deux plus petits.
3. Blum a joué 12 matchs et a marqué un total de 228 points.
4. Dan est plus grand que Delg, qui est plus grand que Ross.
5. Celui qui a marqué 132 points en 15 matchs n'est ni Katz ni Sid.
6. Ben mesure 8 cm de moins que Sid.
7. Ross, qui a marqué 219 points en 15 matchs, mesure 1,90 m.
8. Le plus petit joueur n'a pas la plus basse moyenne de points.
9. Delg mesure 17 cm de plus que Lien.
10. Le plus grand joueur a la plus haute moyenne de points.

Solution à la page 120.

	Nom de famille					Hauteur					Score moyen				
	Blum	Ross	Delg	Katz	Lien	1,75 m	1,83 m	1,90 m	2,00 m	2,05 m	4,5	8,0	8,8	14,6	19,0
Aaron															
Ben															
Dan															
Jon															
Sid															
4,5															
8,0															
8,8															
14,6															
19,0															
1,75 m															
1,83 m															
1,90 m															
2,00 m															
2,05 m															

Nombres déplacés

Il semble que certains de ces nombres aient été déplacés. Votre travail consiste à les remettre dans les bonnes boîtes, *en allant du plus petit au plus grand*, selon les règles suivantes :

Boîte A : Nombres pairs supérieurs à 12
Boîte B : Nombres impairs inférieurs à 40
Boîte C : Multiples de 9
Boîte D : Multiples de 7
Boîte E : Tous les autres nombres

Nombres déplacés : 45, 57, 73, 13, 87, 10, 20, 1, 117, 26, 95, 8, 105, 38, 19, 49, 135, 2, 16, 99, 91, 83, 59

A

B

C

D

E

Solution à la page 123.

Pogos à gogo

Dwight vend des hot dogs, des pogos, des bretzels, des cacahuètes et du maïs soufflé pendant les matchs de baseball. Aujourd'hui, il a réussi à écouler toute sa marchandise. Parmi les nombres ci-dessous, quel est celui de chaque aliment vendu ?

1. Il a vendu quatre fois plus de hot dogs que de maïs soufflé.
2. Il a vendu plus de pogos que de bretzels et de maïs soufflé ensemble.
3. Il a vendu trois fois plus de cacahuètes que de maïs soufflé.

	30	40	75	120	160
Hot dogs					
Maïs soufflé					
Cacahuètes					
Pogos					
Bretzels					

Solution à la page 121.

Cinq boîtes

1. Chaque boîte contient un nombre entier.
2. Le nombre de la boîte A est 12 fois plus grand que celui de la boîte B.
3. Le nombre de la boîte D est la moitié de celui de la boîte A, et il est le produit de ceux des boîtes B et C.
4. La boîte E, contenant le nombre du milieu, est la somme des nombres de la boîte C et d'une autre boîte.
5. Le nombre de la boîte C est celui de la boîte A divisé par huit.
6. L'une des boîtes contient le nombre quatre.

A	B	C	D	E

Solution à la page 121.

Offres d'abonnement

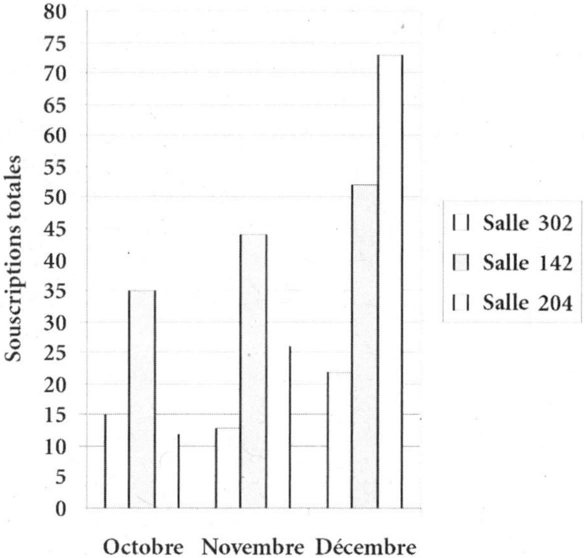

1. La salle______ a vendu deux fois plus de souscriptions en novembre que la salle _____ en décembre.
2. En octobre, le total des ventes étaient de _______.
3. Le meilleur mois de ventes était _______, avec _______ souscriptions.
4. La meilleure salle des ventes était le _______, avec _______ souscriptions.
5. La salle _____ a vendu deux fois plus de souscriptions en novembre que la salle _____.
6. Les ventes totales pour le mois de _______ étaient supérieures à celles des deux autres mois combinés.
7. La salle _____ a vendu huit fois plus de souscriptions que les deux autres salles combinées dans le mois de _______.
8. Le plus grand écart de ventes s'est produit au mois de _______, entre les salles _____ et _____.
9. Seules les ventes de la salle _____ n'ont pas augmenté tous les mois.
10. La salle _____ a eu la plus grande croissance des ventes, passant de _______, au mois de _______, à _______, au mois de _______.

Solution à la page 122.

Le voyage de Dale

Dale a fermé son restaurant pour prendre un petit congé. Il est parti en voiture dans un pays étranger, où l'essence se vendait au gallon. À partir de la table de conversion et des indices donnés, trouvez la quantité d'essence en gallons et en litres qu'il a utilisée, le prix moyen de l'essence au gallon et au litre qu'il a payé et le nombre de milles qu'il a parcourus au gallon, en supposant qu'il a terminé son voyage avec un réservoir vide.

Table de conversion	
Gallons	**Litres**
1	**3,79**

Dale a mis son odomètre à zéro et a fait un plein de 53,06 litres d'essence à 1,90 $ le gallon. Il a parcouru 210 milles et a ajouté 5 gallons à une station-service qui vendait le gallon à 1,99 $. Au prochain arrêt, il a fait de nouveau le plein à 1,89 $ le gallon; il lui fallait 45,48 litres après un parcours de 225 milles. La fois suivante, il a parcouru 199 milles et il a mis 9 gallons à 1,78 $ le gallon. Après avoir roulé pendant 230 milles, il a fait un dernier arrêt pour acheter 41,69 litres à 2,09 $ le gallon.

Gallons totaux	
Litres totaux	
Prix moyen du gallon	
Milles par gallon	

Solution à la page 121.

Soirée d'halloween

C'EST LA FÊTE ! Bonbons, cidre, costumes et tonnes de sucre. Vous l'avez deviné : c'est halloween. Trouvez maintenant qui portait le costume de sorcière; qui a gagné le concours de sculpture de citrouille; qui a remporté le concours de pêche à la pomme; qui a bu combien de verres de cidre; qui a été malade (beurk !); qui a cassé le plat de sa mère lors du concours de pêche à la pomme et qui a aidé à nettoyer après la fête.

1. La personne qui a cassé le plat a bu trois verres de cidre.
2. Émilie a bu deux verres de plus de cidre que Katie.
3. La personne qui portait le costume de sorcière a bu six verres de cidre.
4. La personne qui a aidé à nettoyer a bu quatre verres de cidre.
5. La personne qui a bu un verre de cidre a remporté le concours de sculpture de citrouille.
6. Sam a bu deux fois moins de verres de cidre qu'Émilie.
7. Donny a bu trois verres de cidre de plus qu'Érika.
8. La personne qui a été malade a bu deux verres de cidre. (Elle n'a pas dû aimer cette boisson.)
9. La personne qui portait le costume de sorcière (pas Donny) a bu cinq verres de cidre de plus que Dina.

Solution à la page 122.

	Émi-	lie Dina	Sam	Donny	Katie	Érika	Verres de cidre 1	2	3	4	5	6
a gagné en sculpture												
a cassé le plat												
a aidé à nettoyer												
a gagné à la pêche												
a porté le costume												
a été malade												
Verres de cidre 1												
2												
3												
4												
5												
6												

Solutions

Au zoo, page 96

L'émeu a 10 ans.
Le lion a 11 ans.
L'hippopotame a 12 ans.
Le léopard a 13 ans.
La loutre a 14 ans.

Babysitting, page 106

Amélia Gray : 4,75 $/h; 166,25 $ pour acheter une bicyclette.
Barry Wills : 4,50 $/h; 189,00 $ pour acheter des vêtements.
Carson Jones : 5,25 $/h; 99,75 $ pour acheter un ordinateur.
Dylan Sands : 4,00 $/h; 264,00 $ pour se payer un voyage.
Elvis Ellis : 5,00 $/h; 190,00 $ pour payer ses études.

Arrêts des peintres, page 108

Danny vit sur la rue Botticelli et descend en premier.
Justin vit sur l'avenue Picasso et descend en deuxième.
Diane vit sur l'allée Renoir et descend en troisième.
Bruce vit sur la rue Rubens et descend en quatrième.
Tracy vit sur la rue Monet et descend en dernier.

Vente de débarras, page 102

Somme perçue	Tissu invendu	
6,60 $	1,80	
8,63 $	0,90	
3,72 $	0,45	
18,95 $	3,15	**Totaux**

Les Lynx roux, page 112

Nom	Hauteur	Moyenne
Aaron Ross	1,90 m	14,6
Ben Katz	1,75 m	8,0
Dan Blum	2,05 m	19,0
Jon Delg	2,00 m	8,8
Sid Lien	1,83 m	4,5

Échec !, page 109

Alex a 43,25 points. Bob a 43,75 points.

Pogos à gogo, page 115

Hot dogs	160	Pogos	75
Maïs soufflé	40	Bretzels	30
Cacahuètes	120		

Corpsnivores, page 97

Wombats zombies	11	Taupes hypnotiseuses	32
Limaces cannibales	44	Pythons éventreurs	9
Requins vampires	19		

Le voyage de Dale, page 117

Gallons totaux	51
Litres totaux	193,29
Prix moyen du gallon	1,93 $
Milles par gallon	16,94

Cinq boîtes, page 115

A	B	C	D	E
48	4	6	24	10

Quatre fanas de foot et quatre pizzas, page 105

Peter a mangé trois pointes au fromage et une pointe végétarienne.
Bob a mangé une pointe de chaque pizza.
Hank a mangé une pointe de chaque pizza.
Jason a mangé une pointe au pepperoni, deux pointes à la saucisse et une pointe végétarienne.

Le grand partage, page 103

Jérémie Greene a pris 1 Snickers et 2 Mars.
Derek Jones a pris 2 Hershey et 1 Mars.
Jason Smith a pris 1 Snickers et 2 Hershey.
Ozzie Tyler a pris 1 morceau de chaque barre.

Soirée d'halloween, page 118

Émilie portait le costume de sorcière et a bu 6 verres de cidre.
Dina a remporté le concours de sculpture et a bu 1 verre.
Sam a cassé le plat et a bu 3 verres.
Donny a remporté le concours de pêche à la pomme et a bu 5 verres.
Katie a aidé à nettoyer et a bu 4 verres.
Érika a été malade et a bu 2 verres.

Porcs dans la brume, page 110

Chevrolet	24
Dodge	96
Ford	40
GMC	64
Mack	112

Offres d'abonnement, page 116

1. 142; 302
2. 62
3. décembre; 147
4. 142; 131
5. 204; 302
6. décembre
7. 142; octobre
8. décembre; 302; 204
9. 302
10. 204; 26; novembre; 73; décembre

Qui va loin ?, page 98

Homme au blouson vert : moto rouge; 48 km (30 mi).
Femme aux boucles d'oreilles : voiture de sport bleue; 57,6 km (36 mi).
Adolescent en chaussures de ski : familiale verte de son père; 43,2 km (27 mi).
Vieille dame en tennis : camionnette noire; 55,2 km (34,5 mi).
Arbitre de basket-ball : VUS orange; 36 km (22,5 mi).

Nombres déplacés, page 114

Boîte A 16, 20, 26, 38
Boîte B 1, 13, 19
Boîte C 45, 99, 117, 135
Boîte D 49, 91, 105
Boîte E 2, 8, 10, 57, 59, 73, 83, 87, 95

Balles et ballons retrouvés, page 110

12 ballons de basket-ball
8 ballons de soccer
16 balles de softball
4 ballons de football
10 balles de racquet-ball

Trombones, page 104

Boîtes	**A**	**B**	**C**	**D**	**E**	**F**
	19	16	13	40	55	4
	G	**H**	**I**	**J**	**K**	**L**
	22	20	39	26	38	11

Redressements assis, page 111

Andy	40	Chan	15	Nicky	10	Léo	60
Axel	45	Dale	120	Logan	30	Zack	5

Eau à partager, page 96

60 centilitres

Tourbillon glacé, page 100

Caleb a mangé 6 boules au chocolat.
Dakota a mangé 4 boules à la vanille.
Joey a mangé 2 boules à la fraise.
Sara a mangé 3 boules à la framboise.
Loren a mangé 7 boules à la pêche.
Sydney a mangé 5 boules à la pistache.

Décimaux entiers, page 111

					0,878	
6,09	5,47	7,997	4,78	3,96	0,121	9,25
+0,91	+0,53	+0,003	+0,22	+0,04	+0,001	–0,25
7,00	6,00	8,000	5,00	4,00	1,000	9,00

Bon de commande

Qté	Titre	Prix (taxe incluse)		Total
		Canada	Europe	
	Maniaques de Mots cachés	7,95 $	5,95 €	
	Mots croisés casse-cou	7,95 $	5,95 €	
	Remue-méninges captivants	7,95 $	5,95 €	
	Casse-têtes visuels	7,95 $	5,95 €	
	Tic-Tac-Toe solitaire	7,95 $	5,95 €	
	Énigmes de pensée latérale	7,95 $	5,95 €	
	Accros de jeux de logique	7,95 $	5,95 €	
	Labyrinthes secrets	7,95 $	5,95 €	
	Scrabble : Jeux de mots	8,95 $	ND	
	Boggle : Sudocroisés	8,95 $	ND	
	Battleship : Sudoku	8,95 $	ND	
	Battleship : Défi stratégique	8,95 $	ND	
			Total partiel	
	Frais de livraison	3,50 $	1 livre : 5,00 € 2 livres : 7,00 € 3 livres : 9,00 € 4 livres : 11,00 € 5 livres et plus : 13,00 €	
			Prix total	

Bon de commande

Nom ____

Adresse ______________________________ App. ______________

Ville ____

Pays ____

Code postal ____

N° de téléphone ____

S.V.P. Envoyez-moi le(s) livre(s) mentionné(s) à la page précédente.

Je joins ________ $ ou ________ €

Faites parvenir votre chèque ou mandat-poste à :

Les Publications Modus Vivendi Inc.
55, rue Jean-Talon Ouest, 2e étage
Montréal (Québec) H2R 2W8
Canada

Vous pouvez également payer par carte de crédit :

☐ Visa ☐ MasterCard ☐ Amex Date d'expiration : |__|__|

N° de la carte |__|__|__|__|__|__|__|__|__|__|__|__|__|__|__|__|

Signature ____

Nom (lettres carrées) ____

Vous pouvez aussi commander :

par téléphone : 514 272-0433
par télécopieur : 514 272-7234
par Internet : www.editionsbravo.com

Imprimé sur Rolland Enviro100, contenant 100% de fibres recyclées postconsommation, certifié Éco-Logo, Procédé sans chlore, FSC Recyclé et fabriqué à partir d'énergie biogaz.